왕의 힘을 굳게 다진

이차돈과 법흥왕

글 권기경 | 그림 서선미

'이차돈 순교 비'라고도 일컫는 백률사 석당기.(국립경주박물관 경박 200705-60)

서기 527년, 신라의 궁궐에서 한 청년이 사형을 당합니다.

그것도 하늘처럼 떠받들었던 왕한테 말입니다.

청년은 대체 무슨 죄를 지은 것일까요?

신라의 역사를 바꾸어 놓은 놀라운 사건이자

커다란 수수께끼인 이차돈 순교 사건.

지금부터 그 사건의 진실 속으로 들어가 볼까요?

차례

꽃비가 내리는 비석 · 6

법흥왕의 눈물 · 12

청년 개혁가 이차돈 · 19

귀족의 나라, 신라 · 29

왕과 맺은 비밀 약속 · 40

기적이 일어나다 · 50

우린 할 수 있어! · 60

🍂 이차돈 순교가 신라 사회에 끼친 영향 · 62

꽃비가 내리는 비석

햇살이 따사로운 봄날 오후. 오늘은 운동회가 열리는 날이다.
"준비, 땅!"
하늘을 가르는 총소리와 함께 박 터트리기 경기가 열렸다.
"청군 이겨라! 백군 이겨라!"
윤호는 목이 터져라 청군을 응원했다. 그때 응원석으로 담임선생님이 다가왔다.
"다음 경기는 2인 3각이다. 우리 반 대표가 누구지?"
"윤호랑 병수요!"
윤호는 자기 이름이 불리자 어깨가 으쓱해졌다. 달리기를 잘하는 윤호는 경기가 있을 때마다 대표로 뽑혔다. 오늘도 2인 3각 경기에서 친구인 병수와 함께 반 대표로 뽑힌 것이다. 그런데 옆에 있어야 할 병수가 안 보였다.
"선생님, 병수는 무서워서 도망갔대요."
"으하하하."
아이들이 모두 병수를 비웃자 윤호는 괜히 자기 얼굴이 화끈 달아올랐다. 그래서 자기도 모르게 거짓말이 튀어나왔다.
"선생님, 병수는 도망친 게 아니에요. 그냥 배가 아파서 잠깐 화장실 갔어요. 제가 가서 데려올게요."

　킥킥거리던 아이들이 의심스러운 눈초리를 보냈지만, 윤호는 모른 척하고 화장실로 달려갔다.
　"병수야, 병수야!"
　아무리 불러도 대답이 없었다. 병수는 어디로 갔을까? 윤호는 곰곰이 병수가 갈 만한 곳을 생각해 보았다. 그때 문득 윤호의 머릿속에 한 장소가 떠올랐다. 학교 뒤 야산에 있는 작은 절이었다.
　뚱뚱하고 행동이 느린 병수는 종종 반 아이들한테서 놀림을 받았다. 그럴 때마다 병수는 아무도 몰래 절에 숨어 들어가 훌쩍훌쩍 울다 오곤 했다. 아이들이 또 놀린 걸까? 윤호는 야산으로 뛰어 올라갔다.
　"병수야, 병수야!"
　절에 다다른 윤호는 숨을 헐떡거리며 병수를 불렀다. 하지만 아무런 인기척도 없었다. 고요한 절 마당엔 윤호의 거친 숨소리만 들릴 뿐이었다. 어떻게 된 거지? 여기가 아니면 갈 데가 없는데? 슬슬 걱정이 몰려왔다.
　그때 어디선가 코를 훌쩍이는 소리가 들렸다. 윤호가 소리 나는 쪽으로 고개를 돌리자 사람은 안 보이고 낡은 비석 하나만 덩그러니 서 있었다. 비석을 바라보던 윤호는 그만 피식 웃음을 흘렸다. 비석 옆으로 병수의 옷이 삐져 나와 있었기 때문이다. 살찐 병수의 몸을 비석이 다 가려 주진 못한 모양이다. 아니나 다를까. 윤호가 다가갔을 때 병수는 비석 뒤에서 훌쩍이고 있었다.

"누가 또 뚱뚱하다고 놀렸어?"

"아니."

"그럼 여기서 왜 울고 있어? 조금 있으면 경기 시작해. 빨리 가자."

윤호는 병수의 손을 잡아끌었다. 하지만 병수는 꿈쩍도 안 했다.

"못하겠어."

병수가 고개를 떨어뜨렸다.

"뭐? 이제 와서 못하겠다면 어떡해? 이럴 거면 그동안 연습은 왜 했는데?"

윤호는 은근히 화가 났다. 따지고 보면 병수가 우리 반 대표가 된 것은 모두 윤호 덕분이었다. 선생님이 윤호에게 같이 뛸 사람을 정하라고 했을 때, 윤호는 주저 없이 가장 친한 친구인 병수를 골랐다. 반 대표 같은 걸 한 번도 못해 본 병수는 처음엔 무척 좋아했다. 하지만 막상 운동회가 다가오자 병수는 겁을 냈다.

"내가 뛰면 애들이 놀릴 거야. 미련한 곰처럼 뒤뚱거린다고."

"애들이 뭐라고 하든 무슨 상관이야?"

"우리가 지면 다 나 때문에 졌다고 욕할 거야."

"이기고 지는 건 안 중요해. 최선을 다하면 되잖아."
"나한텐 중요해. 더 이상 애들한테 뚱땡이라고 놀림 당하기 싫어."
병수는 다시 훌쩍거렸다. 그때 학교 운동장 쪽에서 와아! 하는 함성이 들려왔다. 청군과 백군 가운데 누군가가 바구니를 터트린 모양이었다. 빨리 안 돌아가면 윤호네 반은 기권 패를 당하거나, 다른 아이들이 대표로 뛸 게 틀림없다. 힘이 빠진 윤호는 병수 옆에 털썩 주저앉았다.
"네가 안 가면 나도 안 갈래."
윤호까지 경기를 포기하자 병수는 미안해졌다.
"그러지 마. 나 때문에 너까지 혼나면 어쩌려고."
"상관없어."
윤호는 팔짱을 끼고 비석에 등을 기댔다. 갑자기 비석이 흔들렸다. 두 소년은 겁에 질려 비석을 바라보았다. 천천히 비석을 살펴보던 윤호는 오래된 먼지 때 사이에서 그림 하나를 발견했다. 무슨 그림일까? 윤호가 조심스럽게 비석의 먼지를 털어 내자 꽃송이들이 드러나더니, 마치 살아 있는 것처럼 움직였다.
"와, 비석에 꽃비가 내리네."
움직이는 꽃송이들의 신비함에 사로잡힌 두 소년은 차츰 머릿속이 희미해졌다.

이곳 어딘가에서 이차돈은 최후를 맞이했어요.

신라 시대의 성인 월성은 반달처럼 생겼다고 해서 반월성이라고도 합니다. 오늘날 경주의 월성 터에는 언덕 위에 성을 쌓은 흔적이 남아 있습니다. 이 월성에 신라의 궁궐이 있었다고 하는데요, 이차돈이 순교한 곳도 신라의 궁궐 안이었어요. 이차돈은 반월성 어느 곳에서 마지막을 맞이했을까요? (시몽포토)

법흥왕의 눈물

갑자기 땅이 흔들렸다. 이어서 어디선가 몰려온 먹구름이 하늘을 까맣게 뒤덮었다. 골목으로 몰려나온 사람들은 칠흑같이 어두워진 사방을 둘러보며 두려움에 떨었다. 아리수도 불안한 마음으로 하늘을 올려다보았다.

"무슨 일이야?"

"몰라. 아무래도 뭔가 큰일이 벌어질 모양이야."

"어? 저것 봐. 먹구름이 저쪽으로 몰려가고 있어."

아리수는 사람들이 가리키는 곳을 바라보았다. 그곳은 바로 궁궐이었다. 빠르게 움직인 먹구름은 궁궐을 집어삼킬 듯 에워쌌다.

'혹시 이차돈 님한테 무슨 일이 생긴 게 아닐까? 맞아, 아침부터 분위기가 이상했어. 아무래도 안 되겠다. 직접 궁궐에 가서 만나 봐야지.'

아리수가 막 골목을 떠나려던 찰나 아저씨 한 분이 숨을 헐떡이며 뛰어왔다.

"큰일 났어. 지금 궁궐에서 이차돈이 처형 당했대?"

아리수는 자기 귀를 의심했다.

"아저씨, 지금 뭐라고 하셨어요? 누가 처형 당했다고요?"

"이차돈 몰라? 법흥왕의 비서."

아리수는 그 자리에 털썩 주저앉았다.

"이차돈 님이 무슨 죄를 지었기에……."

"반역죄래. 법흥왕이 아주 펄쩍 뛰면서 목을 베라 그랬다지 뭐야."

골목에 나와 있던 사람들은 그제야 한마디씩 거들었다.

"갑자기 지진이 일어나고 먹구름이 낀 것도 다 그 일 때문이었구먼."

"독실한 불교 신자를 죽였으니 부처님이 노하신 게 틀림없어."

하지만 아리수는 아무 소리도 안 들리고 아무 생각도 안 떠올랐다. 약혼자의 죽음이 안 믿어질 뿐이었다.

이윽고 달빛 어스름한 깊은 밤이 되자 검은 그림자 하나가 궁궐 담을 뛰어넘었다. 침입자는 얼굴에 복면을 쓰고 등 뒤에 긴 칼을 찬 자객이었다. 궁궐을 지키는 군사들은 침입자가 숨어든지도 모른 채 꾸벅꾸벅 졸았다. 잠시 뒤, 법흥왕의 침실 문이 스르르 열렸다. 살금살금 침대로 다가선 자객은 칼을 빼어 들고 힘껏 침대 위로 내리꽂았다. 그런데 아뿔싸! 침대엔 아무도 없었다. 어둠 때문에 자객은 두툼한 이불을 법흥왕으로 착각했던 것이다.

자객은 재빨리 침실에서 나와 법흥왕을 찾아 헤맸다. 모두 잠든 밤. 캄캄한 궁궐을 뒤지던 자객은 건물 한쪽에서 희미한 빛이 새어 나오는 것을 보았다.

'옳지, 저기 있구나.'

자객은 불빛이 흘러나오는 곳으로 다가갔다. 호롱불이 일렁이는 작은 방엔 황금으로 만든 부처상이 놓여 있었고, 그 앞에 비단옷을 입은 남자가 무릎을 꿇고 기도를 올렸다.

'법흥왕이다!'

자객은 법흥왕에게 다가가 칼을 높이 치켜들었다. 그런데 칼을 내리치려는 순간 무언가 뚝! 하고 바닥에 떨어졌다. 왕의 눈물이었다. 이어서 법흥왕은 하염없이 눈물을 흘렸다. 왕은 왜 울고 있는 것일까? 자객은 칼을 든 채 망설였다.

"누구냐?"

법흥왕이 슬픔에 잠긴 목소리로 물었다. 자객은 결심한 듯 복면을 벗었다. 그러자 자그맣고 하얀 얼굴에 치렁치렁한 긴 머리가 드러났다. 자객은 바로 이차돈의 약혼녀 아리수였다.

"내 이름은 아리수. 이차돈 님의 원수를 갚으러 왔소. 법흥왕은 내 칼을 받으시오."

아리수는 다시 용기를 내서 칼을 높이 치켜들었다. 법흥왕은 꿈쩍도 안 했다.

"칼을 거두어라. 나 또한 이차돈의 죽음을 그 누구보다도 슬퍼하고 있으니……."

"그게 무슨 말이오? 이차돈 님을 죽인 건 바로 당신이 아니오? 그런데 이제 와서 후회한다 한들 당신의 죄가 용서될 줄 아시오?"

아리수는 칼을 쥔 손에 힘을 주었다. 그때였다.

"자객이 침입했다. 궁궐을 샅샅이 뒤져라!"

건물 밖에서 군사들의 소리가 들렸다. 아리수가 침입한 것을 뒤늦게 눈치 챈 모양이었다.

"지금 밖으로 나가면 군사들한테 잡힐 것이니 이쪽으로 오너라."

법흥왕이 아리수의 손을 잡아끌었다. 그리고 한쪽 벽면을 밀자 놀랍게도 비밀 벽장이 나타났다.

"내가 나오라 할 때까지 절대 소리를 내거나 움직여서는 안 된다. 알겠느냐?"

아리수는 고개를 끄덕였다. 그러고는 비밀 벽장에 몸을 숨겼다. 조금 뒤 군사들이 달려와 법흥왕의 안전을 살폈다. 군사들이 방 안을 샅샅이 뒤졌지만 벽장에 숨은 아리수는 발각되지 않았다. 군사들이 모두 돌아간 뒤 법흥왕은 벽장 쪽을 바라보며 말했다.

"이제 안전하니 그만 나오너라."

벽장에서 나온 아리수는 의아한 표정으로 물었다.

"저는 왕을 죽이러 온 자객입니다. 그런데 왕은 어찌하여 저를 살려

주시는 겁니까?"

"너는 이차돈이 왜 죽었는지 알고 싶지 않느냐?"

이차돈의 이름을 듣자 아리수는 다시 슬픔이 밀려왔다.

"이차돈 님은 불교를 지키려고 온몸을 바치지 않았습니까? 그런데 왕이……."

그러다 아리수는 문득 이상하다는 생각이 들었다. 법흥왕도 이차돈 못지않은 독실한 불교 신자였다. 그렇다면 불교를 믿었다는 것 때문에 이차돈을 죽일 수 있을까? 게다가 법흥왕은 이차돈의 죽음을 슬퍼하며 눈물까지 흘리고 있지 않은가. 대체 이차돈의 죽음엔 어떤 비밀이 숨어 있는 것일까?

역사스페셜박물관

기적

통일 신라 시대 헌덕왕 때(818년) 세워진 백률사 석당기는 육각형 모양으로 된 비석입니다. 여섯 면 가운데 다섯 면엔 이차돈이 순교할 때의 상황이 글로 적혀 있고, 나머지 한 면에는 순교 직후의 모습이 그림으로 새겨져 있습니다. 그림을 자세히 보면 이차돈의 머리는 땅바닥에 떨어져 있고, 머리가 잘린 목 쪽에서 무언가 기둥처럼 솟아 나오고 있습니다. 그 둘레엔 꽃송이들이 새겨져 있고요. 기록에 따르면 이차돈이 죽자 목에서 하얀 피가 솟아나고, 하늘에서는 꽃비가 내리고 땅이 흔들렸다고 합니다. 정말 그런 기적이 일어났을까요?(흥륜사)

《해동고승전》

《삼국사기》《삼국유사》와 함께 이차돈에 얽힌 기록이 남아 있는 역사책입니다. 이 책은 오관산 영통사의 주지이던 각훈이 왕명을 받아 저술한 책으로, 고려 시대 때인 1215년에 펴낸 것으로 추정하며, 현재 남아 있는 가장 오래된 불교 서적입니다. 이 책에는 고구려에서 불교를 받아들인 때부터 각훈이 책을 편찬한 때까지 주로 고승들의 전기를 담고 있습니다.

난 꽃미남 이차돈!

백률사

경북 경주시 동천동 소금강산에 있는 신라 시대의 절. 법흥왕 15년에 지어진 이 절에서 이차돈 순교비가 발견됐습니다. 신라 사람들은 왜 이곳에 이차돈 순교비를 세웠을까요? 그 사연도 참 흥미롭습니다. 반월성에서 이차돈의 목을 치자, 그 목이 하늘 높이 날아가 여기 소금강산에 떨어졌다는 것입니다.(시몽포토)

청년 개혁가 이차돈

"이차돈 님, 빨리 나오세요. 이러다 나정제에 늦겠어요."
"알았다, 알았어. 너는 나정제가 그렇게도 좋으냐?"
"그럼요. 좋고말고요. 저한테는 신궁을 구경할 수 있는 둘도 없는 기회인걸요."

아리수는 아이처럼 신이 나서 깡충깡충 뛰었다. 이차돈은 허허 웃으며 아리수를 따라나섰다.

경주의 나정은 신라의 시조 박혁거세가 태어난 곳이다. 신라 사람들은 그곳에다 신궁을 짓고 해마다 풍년을 비는 제사를 올리는데, 그것이 바로 나정제다. 이차돈과 아리수가 신궁에 다다랐을 때는 벌써 많은 사람들이 몰려들어 신궁 밖까지 장사진을 이루었다. 두 사람은 사람들 사이를 비집고 신궁 안으로 들어갔다. 신궁 안엔 법흥왕을 비롯한 왕족들과 신라 육부의 귀족들이 엄숙한 얼굴로 제사를 지켜보고 있었다.

"천지신명이시여! 신라를 보살피시어 풍년을 내려 주소서!"

신녀가 제단 앞에 엎드려 방울을 흔들고 기도를 올리자 왕족과 귀족들도 다 같이 절을 올렸다. 이차돈과 아리수도 제단에 절을 올렸다. 그때였다. 옆에 서 있던 한 젊은 귀족이 이차돈의 손을 낚아챘다.

"손목에 찬 이것이 무엇이냐?"

이차돈은 아차 싶었지만 침착하게 대답했다.

"보면 모르느냐? 이건 염주라는 것이다."

젊은 귀족은 좋은 트집거리라도 잡은 듯 입꼬리가 올라갔다.

"혹시나 했는데 역시 염주로군. 염주는 불교 신자들이 몸에 지니고 다니는 것이 아니냐? 그렇다면 너도 부처를 하늘처럼 떠받드는 불교 신자란 말이렷다?"

젊은 귀족이 하도 큰 소리로 말하는 바람에 왕족과 귀족들의 눈과 귀가 한꺼번에 이차돈에게 쏠렸다. 이차돈은 대답을 망설였다. 자칫 잘못했다가는 큰 곤욕을 치를지도 모르는 일이었다. 신라의 왕족과 귀족들은 거의 다 조상신을 섬기는 사람들이었다. 조상신이란 바로 하늘을 일컫는데, 하늘이 조상이니 신라의 귀족들은 모두가 하늘의 자손이 되는 셈이다. 조상신을 섬기는 사람들은 드러내 놓고 불교 신자를 배척했다. 불교가 신라에 전해진 지 백 년이 넘었지만 아직도 불교가 뿌리를 못 내린 까닭도 그 때문이었다.

"왜 대답을 못하느냐? 우리 신라의 귀족은 하늘의 자손이다. 그런데 어떻게 다른 신을, 그것도 한낱 미개한 나라의 왕자를 신인 양 떠받들 수 있단 말이냐?"

한낱 미개한 나라의 왕자? 그것은 부처님을 조롱하는 말이었다. 이차돈의 표정이 굳자, 아리수가 얼른 이차돈의 옷깃을 잡아당겼다.

"불교 신자가 아니라고 하세요. 제발요."

하지만 이차돈은 더 이상 참을 수가 없었다. 이차돈은 사람들을 바라보며 당당하게 말했다.

"그렇습니다. 나는 부처님을 믿는 불교 신자입니다."

신궁은 금세 떠들썩해졌다.

"네 이놈! 여기가 어디라고 감히 불교를 입에 올리느냐?"

백발이 성성한 귀족 노인이 이차돈을 나무랐다.

"법흥왕은 뭐 하시오? 조상신을 모독하고 신궁을 더럽힌 죄로 당장 이놈을 가두지 않고!"

백발 귀족은 법흥왕에게 명령하듯 말했다. 이번엔 사람들 눈길이 법흥왕한테로 쏠렸다. 법흥왕은 이차돈을 쏘아보았다. 아리수는 이차돈이 당장이라도 끌려갈까 봐 쩔쩔맸지만 이차돈은 여전히 당당했다.

"네 이름이 무엇이냐?"

법흥왕은 차갑게 물었다.

"성은 박이고, 이름은 이차돈이라 하옵니다."

이차돈이 끝까지 당당하게 대답하자 법흥왕은 다시 한 번 이차돈을 쏘아보았다. 아리수는 가슴이 오그라들어 금방이라도 기절할 것만 같았다. 드디어 법흥왕이 입을 떼었다. 그것은 이차돈도, 아리수도 귀족들도 예상치 못한 말이었다.

"이차돈은 잘못이 없으니 조용히 물러가라!"

그러자 신궁 여기저기서 다시 웅성거리는 소리가 들렸다.

"아니 그게 무슨 소리요? 이놈은 신궁에 염주를 하고 와서 나정제를 망친 죄인이오. 그냥 돌려보내서는 아니 되오!"

백발 귀족이 따지고 들자 법흥왕은 오히려 화를 내며 말했다.

"이차돈은 조상신에게 정중하게 절을 올리고 풍년을 기원하지 않았습니까? 그런데 어찌 조상신을 모독했다는 말입니까? 단지 염주를 차고 불교를 믿는다는 것만으로 사람을 처벌해야 한다면 먼저 나부터 처벌하시오."

귀족들은 놀란 눈으로 법흥왕을 바라보았다.

"나도 부처님을 믿고 있소. 그러니 나부터 처벌하란 말이오!"

"에잇, 오늘은 나정제라 그냥 넘어가지만 다음부터는 결코 용납하지 않겠소."

귀족들은 백발 귀족을 따라 군사를 이끌고 우르르 신궁을 빠져나갔다. 귀족들이 모두 떠난 신궁엔 이차돈과 아리수, 법흥왕 이렇게 세 사람만 남았다.

"너는 왜 거짓말을 안 했느냐?"

법흥왕이 이차돈에게 물었다. 그러자 이차돈은 오히려 법흥왕에게 되물었다.

"그러시는 왕께서도 스스로 불교 신자라고 밝히지 않으셨습니까?"

두 사람은 서로 말없이 바라보았다. 법흥왕의 눈에 비친 이차돈은 결코 평범한 청년이 아니었다. 무엇보다 귀족들 앞에서 주눅 들지 않는 용기가 마음에 들었다. 이차돈도 마찬가지였다. 군사들까지 거느린 수많은 귀족들 앞에서 큰소리치는 법흥왕이 믿음직스러워 보였다.

"너는 정녕 목숨이 두렵지 않더란 말이냐?"

"한낱 목숨 때문에 신념을 버리기는 싫었습니다."

이차돈이 당당하게 말했다.

"신념이라……. 너의 신념이 무엇이냐?"

법흥왕이 흥미로운 듯 물었다.

"신라는 지금 위기에 놓여 있습니다. 고구려와 백제는 날로 커 가는데, 아직도 신라만 부족 국가를 못 면하고 있습니다. 이대로 가다간 머지않아 백제나 고구려에게 잡아먹힐 게 틀림없습니다. 이참에 신라를 확 바꿔야 합니다."

"신라를 바꾼다. 어떻게 말이냐?"

이차돈은 평소에 새기고 있던 신념을 또박또박 조리 있게 말했다.

"신라는 육부 귀족들의 권한이 너무 셉니다. 귀족의 권한을 줄이고 그 권한을 왕한테로 모아야 합니다. 그래야만 신라가 더욱 강해질 수 있습니다."

이차돈의 말이 끝나자마자 법흥왕은 이차돈의 손을 덥석 잡았다.

"이차돈, 너야말로 내가 찾고 있던 사람이다. 앞으로 나를 도와 신라를 바꿔 보지 않겠느냐?"

"예. 신명을 다해 폐하를 받들겠습니다."

이차돈도 법흥왕의 손을 마주 잡았다.

"지금 이 시각부터 이차돈 너를 사인으로 임명한다."

"사인이라면 왕의 비서가 아닌지요?"

옆에서 두 사람의 대화를 가만히 듣고 있던 아리수가 눈이 동그래져서 물었다.

"그렇다. 이제부터 이차돈은 내 비서가 되는 것이다."

"성은이 망극하옵니다. 폐하."

사인이 된 이차돈은 법흥왕에게 신하의 예를 갖추어 절을 올렸다. 새 비서를 얻은 법흥왕은 백만 대군이라도 얻은 듯 가슴이 뿌듯했다.

역사스페셜박물관

나정
경주시 외곽 소나무 숲에 자리 잡고 있는 신라 시대의 우물. 나정은 신라의 시조 박혁거세의 탄생 설화가 전해지는 우물이죠. 지난 2002년 이곳을 발굴하자 넓은 팔각 건물 터가 드러났습니다. 여기서는 제사 때 쓰는 깨진 그릇들이 아주 많이 나왔는데, 기록에 보면 신라 시대에 이곳에 신궁을 지었다고 합니다. 일부 학자들은 이곳의 팔각 건물이 바로 그 신궁이었을 것으로 추정하고 있습니다. 사적 제245호.(시몽포토)

이차돈 초상화
이차돈을 흔히 승려라고 생각하기 쉽지만 이차돈은 승려가 아니었어요. 이차돈의 성은 박씨. 이름은 염촉 또는 이차돈, 거차돈이었습니다. 기록마다 차이가 있지만 이차돈은 왕족 출신이었을 것으로 추정됩니다. 따라서 법흥왕과는 아주 친밀한 관계였겠죠. 이차돈이 순교한 나이는 스물두 살 또는 스물여섯 살로 나와 있습니다. 그토록 젊은 나이에 이차돈이 목숨을 걸고 순교한 까닭은 무엇일까요? (흥륜사)

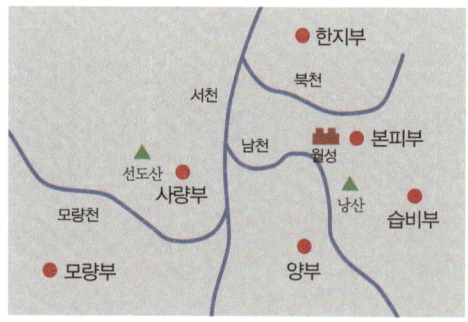

신라의 육부
5, 6세기의 고구려와 백제는 이미 강력한 왕권이 확립된 국가였다면, 신라는 사정이 달랐습니다. 신라의 수도 경주는 여섯 개 부로 나뉘어 있었는데, 낱낱의 부는 관직도 따로, 군사도 따로 두고 있었죠. 신라는 이렇게 국왕의 간섭을 안 받고 6부 스스로 자기 땅을 다스리던 6부 연맹 체제였습니다.

귀족의 나라, 신라

이차돈은 새벽같이 집을 나섰다. 몸살에 걸린 법흥왕이 걱정이었다.

'오늘은 열이 좀 내리셔야 할 텐데.'

그런 생각을 하며 이차돈이 궁궐에 다다랐을 때 허름한 옷을 입은 한 노인이 궁궐 앞에 주저앉아 울고 있었다.

"저 노인은 누구요?"

이차돈이 궁궐을 지키는 군사에게 물었다.

"저도 모르겠습니다. 법흥왕을 만나게 해 달라고 막무가내로 조르기에 안 된다고 하니까 저렇게 울지 뭡니까?"

이차돈은 울고 있는 노인에게 다가가 물었다.

"할아버지. 왜 여기서 울고 계세요?"

"젊은이는 뉘시오?"

"저는 법흥왕의 비서인 이차돈이라고 합니다."

그러자 노인은 마치 구세주라도 만난 듯이 이차돈의 다리를 붙잡고 매달렸다.

"억울하게 죽은 우리 아들의 한을 풀어 주시오. 제발 부탁입니다."

"억울하게 죽다니요?"

"간밤에 우리 아들이 귀족의 칼에 그만……."

노인은 말을 못 잇고 다시 통곡했다. 노인의 아들이 귀족의 칼에 맞아 죽었다면 이것은 엄연히 살인 사건이었다. 이차돈은 노인을 집으로 돌려보내고 서둘러 궁궐 안으로 들어갔다. 이차돈의 보고를 받은 법흥왕은 곧바로 육부 회의를 소집했다. 나라 안에서 커다란 사건이 일어나면 육부의 대표들이 모여 사건을 해결하는 것이 신라의 관례였다. 법흥왕도 서둘러 회의 준비를 했다.

"폐하, 아직도 열이 펄펄 끓습니다. 육부 회의엔 다른 사람을 내보내십시오."

이차돈이 말려 보았지만 법흥왕은 듣지 않았다.

"무슨 소리? 오늘 회의는 무슨 일이 있어도 참석해야 해."

"율령 때문이옵니까?"

"알면서 그러느냐?"

법흥왕은 한 번 마음먹은 게 있으면 꼭 하고야 마는 성격이었다. 이차돈은 하는 수 없이 법흥왕을 모시고 회의장으로 안내했다.

육부 회의가 열린 곳은 살인 사건이 일어난 경주 가까이에 있는 한 마을이었다. 벌써 육부의 귀족들이 모여서 법흥왕이 오기만을 기다리고 있었다. 그 가운데는 신궁에서 만났던 백발 귀족도 있었다. 법흥왕이 다다르자 곧바로 회의가 열렸다.

"범인을 데려오라!"

법흥왕이 명령을 내리자 군사들이 범인을 끌고 왔다. 범인의 얼굴을 본 이차돈은 깜짝 놀랐다. 범인은 바로 신궁에서 이차돈을 곤란에 빠뜨렸던 바로 그 젊은 귀족이었던 것이다. 더욱이 그 젊은 귀족은 육부 대표 가운데 한 사람인 백발 귀족의 아들이었다. 법흥왕은 무서운 눈초리로 젊은 귀족을 쏘아보았다.

"너는 왜 노인의 아들을 죽였느냐?"

"여동생이 예쁘기에 나한테 시집을 보내면 잘 먹여 주겠다고 했을 뿐인데, 그놈이 갑자기 칼을 들고 대들지 뭡니까? 감히 평민 주제에. 저는 그놈한테 본때를 보여 줬을 뿐입니다."

젊은 귀족은 뉘우치기는커녕 오히려 당당하게 말했다.

'사람을 죽이고도 뉘우치지 않다니, 이건 말도 안 돼!'

이차돈은 주체할 수 없을 만큼 화가 났다. 그때 아들을 잃은 노인이 법흥왕 앞에 무릎을 꿇었다.

"거짓말입니다. 이 사람이 우리 딸을 강제로 욕보이려 하자, 아들이 말리려다 그만……."

노인은 다시 울음을 터뜨렸다.

"노인의 말이 맞느냐?"

법흥왕이 젊은 귀족에게 물었다. 하지만 이번에도 젊은 귀족은 당당하게 대답했다.

"지금 제 말을 의심하는 겁니까? 거짓말을 하는 것은 내가 아니라 저 노인입니다."

법흥왕은 젊은 귀족이 의심스러웠지만 더 이상 어쩔 수가 없었다. 이제 남은 것은 육부 회의의 판결이었다. 법흥왕이 먼저 의견을 내놓았다.

"저 젊은이를 사형으로 다스려야 합니다."

하지만 육부 대표들은 화들짝 놀라며 반대 의견을 내놓았다.

"무슨 말이오? 노인의 아들이 갑자기 달려들었다 하지 않았소. 그러니 저 젊은 귀족은 자신의 목숨을 지키려고 칼을 휘둘렀을 뿐이오."

"그렇소. 사람을 죽인 것은 잘못했으나 사형은 말도 안 되오."

그러자 젊은 귀족의 아버지인 백발 귀족도 나서며 말했다.

"내 아들이라서가 아니라, 저 아이는 사람을 죽일 만큼 나쁜 아이가 아니오."

육부 대표들은 하나같이 젊은 귀족의 편을 들었다.

하지만 법흥왕도 물러서지 않았다.

"얼마 전에 내가 율령을 반포한 것을 여러분도 잘 알 것이오. 그 율령에 따르면 어쨌든 간에 사람을 죽이면 사형으로 다스리게 되어 있소."

이차돈은 마음속으로 법흥왕을 열렬히 응원했다.

'폐하, 잘하고 계십니다. 이번 기회에 폐하의 힘을 보여 주세요.'

하지만 육부 귀족들은 두려워하기는커녕 오히려 콧방귀를 뀌었다.

"이보시오, 법흥왕. 왕이라고 맘대로 할 수 있는 줄 아시오? 우리의 동의가 없으면 저 아이를 죽일 수 없단 말이오. 아시겠소?"

법흥왕은 지그시 눈을 감았다. 육부 회의는 대표 여섯이 모두 똑같은 권한으로 모이는 회의였다. 법흥왕이라 해도 다른 대표들이 찬성하지 않으면 강제로 사형을 집행할 수 없었다. 게다가 백발 귀족이 은근히 법흥왕을 위협했다.

"만약 저 아이를 죽인다면, 우리도 가만있지 않을 것이오."

그 말에 법흥왕은 눈을 번쩍 떴다. 그것은 군사를 일으키겠다는 말이나 다름없었다. 신라의 육부 귀족들은 사병을 두고 있어서 언제든지 군사를 일으킬 힘이 있었다. 만약 그렇게 된다면 신라는 내전이 일어나 혼란에 빠질 게 틀림없었다.

"알겠소. 여러분의 뜻에 따르겠소."

법흥왕은 힘없이 물러섰다. 의기양양해진 육부 대표들은 젊은 귀족에게 곤장 몇 대를 때리는 가벼운 형벌을 내렸다. 회의가 끝나자 관리들이 소를 잡고 제사를 올렸다. 육부 회의의 판결을 하늘에 알리는 의식이었다. 의식을 진행하는 동안 귀족들은 얼굴 가득 웃음을 띠었다.

궁궐로 돌아온 법흥왕은 억울하고 분해서 도저히 잠을 이룰 수가 없었다. 잠이 안 오는 건 이차돈도 마찬가지였다.

'어떻게 해야 귀족들을 누를 수가 있을까?'

보름달이 휘영청 밝은 밤, 두 사람은 똑같은 고민에 잠겼다. 잠을 못 이룬 법흥왕은 대릉원에 나가 산처럼 높이 솟은 조상들의 무덤을 올려다보았다.

"불교를 들어오려 해도 귀족들이 반대하고, 율령을 반포해도 소용이 없으니 이를 어찌한단 말입니까?"

법흥왕이 한숨을 지으며 혼잣말로 중얼거리자 어둠속에서 누군가의 목소리가 들려왔다.

"저에게 묘책이 하나 있긴 있습니다만."

달빛에 드러난 목소리의 주인공은 다름 아닌 이차돈이었다.

"이 밤에 네가 웬일이냐?"

"보름달을 바라보며 신라의 앞날을 걱정하다 문득 좋은 생각이 떠올라 이렇게 쏜살같이 달려왔습니다."

"그것이 무엇이냐?"

"폐하께서는 제가 시키는 대로만 하십시오. 그러면 귀족들도 더 이상 폐하를 업신여기지 못할 것입니다."

"그래, 그 묘책이란 게 대체 무엇이냐?"

법흥왕은 궁금해서 견딜 수가 없었다. 이차돈은 조심스럽게 둘레를 둘러보았다. 염탐하는 자는 아무도 없어 보였다. 이차돈은 곧바로 법흥왕의 눈을 똑바로 바라보며 힘주어 말했다.

"저를 죽이셔야 합니다."

법흥왕은 자신의 귀를 의심했다.

"너를 죽이라니?"

법흥왕이 묻자, 이차돈이 다시 한 번 힘주어 말했다.

"신라를 바꿀 수 있는 방법은 저를 죽이는 길밖에 없습니다."

법흥왕은 여전히 어리둥절해서 이차돈을 바라보았다. 이차돈을 죽여야 신라를 바꿀 수 있다니! 이차돈의 그 묘책이란 과연 무엇일까?

역사스페셜박물관

영일 냉수리비
경북 포항시 영일군 냉수리 옥수수 밭에서 나온 신라 시대의 비석. 모두 세 면에 비문이 새겨져 있는데, 신라 시대의 비문 가운데 가장 오래된 것으로 밝혀졌습니다. 비문의 내용은 이 지역에서 일어난 재산 분쟁을 해결하려고 지증왕과 육부 귀족들이 회의를 한 내용을 기록한 것입니다. 그때 신라의 정치, 경제, 사회상을 알 수 있는 아주 중요한 비석으로 평가받고 있습니다. 국보 제264호. (시몽포토)

왕이 왕이 아녀!

칠왕
영일 냉수리비의 비문 가운데 '七王'(칠왕)이라는 글자가 보입니다. 일곱 왕이라는 뜻으로 육부 회의에 참석한 사람들을 나타낸 것이죠. 지증왕을 뺀 다른 육부의 대표를 왕이라고 한 것은 어떤 뜻이 있을까요? 흔히 왕은 절대 권력을 쥔 사람이라고 생각하기 쉽지만 신라 왕은 아니었어요. 6세기 초까지만 해도 신라 왕의 권력은 귀족과 비슷했죠. (시몽포토)

울진 봉평비
경북 울진군 죽변리 논에서 나온 신라 시대의 비석. 법흥왕 11년(524년)에 세워진 이 비석은 영일 냉수리비와 함께 신라 사회를 이해할 수 있는 중요한 기록으로 평가받고 있습니다. 비석에 새겨진 비문엔 흥미로운 내용들이 아주 많은데요, 그때 법흥왕은 모즉지 매금왕이라고 했다는 사실, 그리고 신라에 법이 존재했다는 사실이 그것입니다. 국보 제242호. (시몽포토)

황남대총

신라 왕릉이라고 알려진 황남대총엔 순장의 흔적과 함께 화려한 금제 장신구들이 부장품으로 발굴됐습니다. 무덤이 크다고 해서, 또 부장품이 많다고 해서 반드시 왕의 권한이 컸던 것은 아닙니다. 법흥왕 이전의 신라왕들은 이렇게라도 해서 왕의 힘을 과시하고 싶었던 것인지도 모릅니다. (시몽포토)

● 황남대총에서 나온 화려한 금제 장신구들

금반지
(국립경주박물관 경박 200706-85)

금허리띠
(국립경주박물관 경박 200706-85)

금귀고리
(국립경주박물관 경박 200706-85)

감옥금팔찌
(국립경주박물관 경박 200706-85)

왕과 맺은 비밀 약속

다음 날 아침 일찍 이차돈은 벌채꾼들을 불러 모았다.
"너희는 지금부터 천경림에 가서 나무를 베어라."
이차돈의 지시가 떨어지자 일꾼들은 술렁거렸다.
"왕명이니 걱정할 필요 없다. 어서 출발하여라."
일꾼들은 그제야 장비들을 챙겨서 천경림으로 갔다. 벌채꾼들이 떠나자 이차돈은 이번엔 목수들을 불러 모았다.
"벌채가 끝나면 그 나무로 절을 지어라."
"어디에 말입니까?"
대장 목수가 물었다.
"천경림이다."
목수들 또한 술렁거렸다. 이차돈은 이번에도 자신 있게 말했다.
"왕명이다. 허술하게 지었다가는 큰 벌을 받을 것이다."

목수들은 안 내켰지만 왕명이라니 어쩔 수 없었다. 벌채꾼과 목수들이 떠나고 나자 이차돈은 그제야 걱정이 밀려왔다.

'과연 이 모험이 성공할 수 있을까? 내가 죽어도 바뀌는 게 없다면 어떡하지?'

이차돈은 불안했지만 여기서 멈출 수는 없었다. 지금쯤 벌채꾼들이 천경림의 나무를 베고 있을 것이다. 이미 모험은 시작됐다. 이차돈은 불안한 마음을 누르고 집을 나섰다. 골목을 걸어가는데 맞은편에서 아리수가 뛰어왔다. 빨리 달려오느라 숨이 가빴지만 아리수는 마음이 급했다.

"이차돈 님. 그게 정말입니까?"

"숨넘어가겠다. 천천히 말해라."

하지만 아리수는 또다시 서둘러 물었다.

"천경림의 나무를 베어 절을 짓는다는 게 정말입니까?"

"그렇다."

아리수는 눈이 휘둥그레졌다.

"안 됩니다. 천경림은 신라에서 가장 신성히 여기는 숲이 아닙니까? 그곳의 나무를 베었다가는 귀족들이 가만있지 않을 것입니다."

"나도 알고 있다. 하지만 어쩌겠느냐? 법흥왕께서 그곳에 나무를 베어 절을 지으라고 하시니."

이차돈은 벌채꾼과 목수들에게 했던 말과 똑같이 대답했다. 아리수는 이상하다는 듯 고개를 갸웃했다.

"법흥왕께서요? 좀 이상하지 않습니까?"

"뭐가 이상하단 말이냐?"

이차돈은 아리수가 눈치챌까 봐 조바심이 났지만 애써 태연하게 물어보았다.

"법흥왕은 지난번에 절을 지으려다 귀족들이 반대해 그만두지 않았습니까? 그런데 또 절을 짓는단 말입니까?"

"한 번 실패했다고 해서 포기하면 이 세상에 이루어질 일이 어디 있겠느냐?"

"그렇긴 합니다만, 그래도 걱정이 됩니다."

아리수는 이차돈을 바라보았다. 호수같이 맑은 아리수의 눈동자엔 이차돈을 걱정하는 마음이 한가득 담겨 있었다. 이차돈은 가만히 아리수의 손을 잡았다. 그러자 아리수의 볼이 금세 사과처럼 빨개졌다.

"혹시 내게 무슨 일이 생기더라도 놀라거나 슬퍼하지 마라."

이차돈이 나직한 목소리로 말했다.

'어? 이게 무슨 말씀이시지?'

아리수는 이상한 기분이 들어서 이차돈의 눈치를 살폈지만 평소와 다를 바가 없었다. 이차돈은 아리수를 남겨 두고 서둘러 천경림으로 갔다. 이차돈은 남겨 둔 아리수를 생각하니 마음이 아팠다. 하지만 마음이 약해질까 봐 돌아보지 말자고 마음속으로 굳게 다짐했다.

신라의 성지 천경림. 하늘을 찌를 듯한 고목들이 빽빽하게 들어선 숲속엔 벌채꾼들이 나무를 찍는 도끼 소리가 메아리가 되어 울려 퍼졌다. 조금 뒤 여기저기서 고목들이 쓰러지는 굉음이 들려왔다. 한쪽에서는 목수들이 부지런히 고목을 자르고 대패로 밀었다. 일꾼들의 모습을 지켜보던 이차돈은 하늘을 올려다보았다. 어느덧 해가 중천에 떠올라 뜨거운 햇살이 쏟아지고 있었다.

'지금쯤 귀족들이 난리가 났을 텐데.'

조금씩 운명을 알리는 시간이 다가오고 있었다.

그 시각, 이차돈의 예상대로 한 무리의 귀족들이 옷자락을 휘날리며 궁궐로 들어갔다.

"천경림에 절을 짓는다는 게 정말이오?"

백발 귀족이 법흥왕에게 따져 물었다. 하지만 법흥왕은 처음 듣는 얘기라는 듯 어리둥절해했다. 백발 귀족은 이때다 싶어서 버럭 소리를 지르며 말했다.

"이차돈이 제 입으로 틀림없이 왕명이라 하였소. 그런데도 오리발을 내밀 셈이오?"

"나는 그런 명령을 내린 적이 없소!"

법흥왕이 단호히 대답했다. 귀족들은 몹시 당황했다. 법흥왕은 명령을 안 내렸다 하고, 이차돈은 명령을 받았다 하니 누군가 한 사람은 거짓말을 하고 있는 것이다.

그때 법흥왕이 주먹으로 탁자를 쿵! 하고 내리쳤다. 그 소리에 귀족들은 화들짝 놀랐다. 이어서 법흥왕은 벼락 같은 목소리로 외쳤다.

"군사들은 뭣들 하느냐? 당장 이차돈을 잡아오너라!"

신라의 궁궐 월성. 고요하고 평화롭던 월성 마당에 갑자기 긴장감이 감돌았다. 머리끝까지 화가 난 법흥왕은 마당을 왔다 갔다 했고, 한쪽에 늘어선 귀족들은 숨을 죽인 채 그런 법흥왕을 지켜보고 있었다. 귀족들은 아직도 법흥왕을 의심하는 눈초리였다.

"이차돈이 끌려오면 모든 것이 드러날 것이오. 이번 기회에 법흥왕을 따끔하게 혼내 줍시다."

백발 귀족이 다른 귀족들에게 속삭였다. 귀족들은 모두 고개를 끄덕였다. 그때 밧줄에 꽁꽁 묶인 이차돈이 군사들 손에 끌려왔다. 이차돈은 순순히 법흥왕 앞에 무릎을 꿇었다. 백발 귀족이 먼저 나서서 이차돈을 심문했다.

"천경림에 절을 지으라고 시킨 사람이 누구냐?"

법흥왕과 귀족들은 모두 숨을 죽이고 이차돈의 대답을 기다렸다. 조금 뒤, 이차돈은 대답 대신 천천히 고개를 저었다.

"그럼 누구란 말이냐? 네 입으로 왕명이라 하지 않았느냐?"

초조해진 백발 귀족이 다시 한 번 다그쳐 물었다.

"절을 짓고 싶은 마음에 제가 왕명이라 거짓말을 하였습니다."

이차돈은 차분하게 대답했다. 예상치 못한 이차돈의 대답에 귀족들은 당황했다. 그러자 법흥왕이 이차돈에게 차갑게 말했다.

"너는 거짓 왕명이 얼마나 큰 죄인지 아느냐?"

이차돈은 고개를 끄덕였다. 거짓으로 왕명을 꾸민 것은 죄 가운데서도 가장 큰 반역죄에 해당하였다. 법흥왕이 만든 율령에 따르면 반역죄는 사형으로 다스리게 되어 있었다. 법흥왕은 이차돈을 지그시 바라보았다. 망설이는 눈빛이 뚜렷했다. 그런 법흥왕에게 이차돈은 마음속으로 말했다.

'폐하. 귀족들이 지켜보고 있습니다. 망설이지 마시고 어서 저를 죽이라 하십시오.'

법흥왕은 두 눈을 꼬옥 감았다. 결심이 선 듯 법흥왕은 다시 눈을 떴다. 그리고 군사들에게 외쳤다.

"뭣들 하느냐? 반역죄를 저지른 이차돈의 목을 당장 쳐라!"

역사스페셜박물관

계림
경주시 교동에 가면 백여 그루의 고목이 우거진 숲이 있습니다. 신라 왕족의 시조인 김알지의 탄생 신화가 전해지는 계림입니다. 신라 시대엔 계림처럼 신성한 지역, 즉 성지로 여겨지는 곳이 있었습니다. 천경림도 그 가운데 하나였죠. 성지는 육부의 귀족들이 하늘에 제사를 지내는 곳이기도 했는데요, 신라의 귀족들은 자신들이 하늘의 자손이라고 믿었어요. 그러기 때문에 왕의 절대 권력을 인정하고 싶지 않았겠죠. 사적 제19호. (시몽포토)

흥륜사
신라 처음 사찰로 알려진 흥륜사. 이차돈이 천경림에 이 절을 지으려다 목숨을 잃자, 법흥왕이 재건하여 진흥왕 때에 완성되었죠. 오늘날 경주시 사정동에 있는 흥륜사는 최근에 복원한 것입니다. 사적 제15호. (시몽포토)

《현우경》과 《부법장연전》
불교 경전인 《현우경》과 《부법장연전》엔 성인들의 죽음을 묘사한 내용이 있습니다. "마침내 하얀 피가 나왔다." "천지가 여섯 갈래로 흔들렸다." "꽃비가 내렸다." 흥미롭게도 이 내용은 이차돈이 죽은 뒤에 일어난 기적과도 거의 일치합니다. 그래서 학자들은 후대 사람들이 이차돈을 영웅으로 만들려고 불교 경전과 똑같이 꾸민 것이라고 말하기도 합니다.

왕이면 다야?

중국 윈강 석굴

중국에서 가장 큰 석굴 사원인 윈강 석굴. 11킬로미터에 이르는 암벽에 400개가 넘는 석굴을 파서 불상을 세우고 사원을 지은 곳입니다. 5세기, 중국 북쪽에 '북위'라는 나라가 있을 때 이 석굴이 가장 융성했는데요, 북위의 불교는 왕즉불, 왕이 곧 부처였어요. 따라서 불교가 왕권 강화를 뒷받침해 주는 아주 중요한 사상으로 자리매김했죠. 법흥왕과 이차돈이 불교를 신라에 정착시키려 했던 것도 아마 그런 까닭이 아니었을까 싶어요. (굿이미지)

양직공도

이 그림은 6세기 초 북위의 남쪽에 있는 양나라를 찾은 사신들의 모습을 그린 것인데요, 왼쪽부터 왜와 구자(중앙아시아 쿠처 가까이 있던 나라) 그리고 백제 사신이 나란히 서 있는 모습이 보입니다. 신라는 이처럼 법흥왕이 재위한 뒤로 백제 사신과 함께 중국 양나라와 교류하며 불교 문화를 받아들였을 것으로 보입니다.
(중국 베이징역사박물관)

기적이 일어나다

"설마 진짜 죽이기야 하겠어?"

"맞아. 한번 겁주는 척하고는 금방 풀어 줄 거야."

귀족들은 차마 법흥왕이 이차돈을 죽이지는 못할 것이라 생각했다. 귀족들은 두 사람의 관계를 너무나 잘 알고 있었다. 평소 이차돈은 법흥왕을 아버지처럼 섬겼고, 마찬가지로 법흥왕도 이차돈을 아들처럼 아껴 주었던 것이다.

"아무리 나쁜 짓을 했다 해도 아비가 아들을 죽일 수는 없지."

백발 귀족이 야릇한 미소를 지으며 말했다.

"암, 그렇고말고."

다른 귀족들도 동감의 뜻으로 고개를 끄덕였다. 하지만 그런 귀족들의 예상은 여지없이 빗나가고 말았다. 명령을 거두기는커녕 법흥왕은 아까보다 훨씬 더 무섭게 처형을 지시했다.

"이차돈의 목을 베라 했거늘 뭘 그리 꾸물대느냐?"

관리들은 할 수 없이 이차돈을 처형장으로 끌고 갔다. 마침내 법흥왕과 귀족들이 지켜보는 가운데 이차돈의 처형식이 열렸다. 머리를 산발한 망나니가 입에서 물을 뿜어 무시무시하게 생긴 큰 칼을 적셨다. 이어서 망나니는 큰 칼을 흔들며 춤을 추었다. 그 춤을 멈추자마자 망나니는 칼을 내리칠 것이다. 땅바닥에 무릎을 꿇고 고개를 숙이고 있던 이차돈은 마지막 순간이 다가오고 있음을 느꼈다.

이차돈은 고개를 들어 법흥왕을 바라보았다. 법흥왕은 안타까운 눈빛으로 이차돈을 내려다보았다. 눈이 마주친 두 사람은 마음속으로 마지막 인사를 나누었다.

'두려우냐?'

'폐하, 소인은 죽는 것이 결코 두렵지 않습니다.'

'이렇게 보내서 참으로 미안하구나.'

'폐하, 신라를 살릴 수만 있다면 죽음은 두 번이고 세 번이고 마다하지 않을 것입니다.'

'너의 죽음을 결코 헛되이 하지 않을 것이다.'

'폐하, 부디 강한 신라를 만들어 주십시오.'

'꼭 그렇게 하겠다.'

'부처님의 자비가 넘치는 그런 신라를 만드셔야 합니다.'

'내 기어코 약속하마.'

법흥왕의 굳은 약속에 이차돈은 웃음을 지었다.

법흥왕은 안타까운 마음에 지그시 눈을 감았다. 법흥왕과 마지막 인사를 나눈 이차돈은 고개를 들어 하늘을 올려다보았다. 구름 한 점 없이 맑은 하늘이었다.

'이것이 내가 보는 마지막 하늘이겠지?'

이차돈은 담담하게 죽음을 받아들였다. 망나니의 춤이 멈추고, 무시무시한 칼이 세차게 허공을 갈랐다. 귀족들은 눈앞에서 벌어진 끔찍한 광경에 눈을 질끈 감았다. 그런데 곧 이상한 일이 벌어졌다. 이차돈의 목이 떨어지자마자 땅이 마구 흔들리더니, 어디선가 먹구름이 몰려와 궁궐을 에워쌌다. 갑작스레 찾아온 짙은 어둠속에서 귀족들은 두려움에 벌벌 떨었다.

그때 법흥왕의 머릿속에 이차돈의 말이 떠올랐다. 대릉원에서 법흥왕에게 알려 주었던 이차돈의 묘책이 바로 그것이었다.

"폐하께서 한 치의 망설임 없이 저를 죽이면 귀족들이 틀림없이 당황할 것입니다. 그때를 놓치시면 안 됩니다. 왕명을 거스르고 반역죄를 저지르면 어떻게 되는가를 귀족들에게 단단히 보여 주어야 합니다."

정신을 차린 법흥왕은 어찌할 바를 몰라 우왕좌왕하는 귀족들을 노려보았다. 그리고 큰 소리로 외쳤다.

"잘 보았느냐? 왕명을 거스르는 자는 모두 똑같은 일을 당하리라!"

법흥왕의 기세에 눌린 귀족들은 감히 고개를 들지 못했다. 그동안 법흥왕을 늘 우습게 보았던 백발 귀족조차 슬금슬금 법흥왕의 눈치를 보았다. 법흥왕은 더 이상 우스운 존재가 아니었다. 겁에 질린 귀족들을 남겨 두고 법흥왕은 당당하게 집무실로 돌아갔다.

"이차돈은 그렇게 갔느니라."

법흥왕의 이야기를 들은 아리수는 하염없이 눈물을 흘렸다.

"이차돈 님, 너무 야속합니다. 약혼한 사이인 저에게조차 한마디 말도 없이……. 작별 인사도 못 드렸는데……. 흑흑."

"만일 아리수 네가 알았다면 이차돈이 죽게끔 내버려 두었겠느냐?"

아리수는 눈물을 머금은 채 고개를 세차게 저었다. 무슨 일이 있어도 이차돈을 말렸을 것이다. 그렇게 됐다면 아마 이차돈의 계획은 물거품이 됐을지도 모른다.

"이차돈은 그 누구보다 신라를 사랑한 청년이었다. 우리는 결코 그의 죽음을 헛되이 해서는 안 되느니라."

"폐하. 이제 어떻게 하실 작정이옵니까?"

아리수가 눈물을 닦으며 법흥왕에게 물었다.

"기적을 만들어야지."

"기적이라고요?"

"그렇다. 기적은 저절로 이루어지는 것이 아니라 우리가 만들어 내는 것이다."

그로부터 얼마 뒤, 법흥왕은 만천하에 불교를 공인한다는 칙령을 내렸다. 소식을 전해들은 귀족들은 까무러칠 듯 놀란 나머지 백발 귀족에게 우르르 몰려갔다.

"불교가 신라에 뿌리내리게 해서는 안 됩니다."

"맞습니다. 백성들이 불교를 믿으면 왕의 권한만 커질 것입니다."

"어떻게든 막아야 합니다."

귀족들은 아우성쳤지만 백발 귀족은 조용히 생각에 잠겨 있었다.

"답답해 죽겠습니다. 뭐라고 말 좀 해 보세요?"

귀족들이 아우성치자 백발 귀족이 조용히 입을 열었다.

"자네들은 벌써 잊었는가? 이차돈이 처형당하던 그날, 법흥왕이 한 말을?"

귀족들은 움찔했다. 왕명을 거스르는 자는 반역죄로 처벌하겠다는 목소리가 생생히 들려오는 듯했다. 귀족들은 서로 눈치만 살피다가 하나 둘 집으로 돌아갔다.
　아무런 반대 없이 불교 공인을 성공시킨 법흥왕은 이번엔 천경림에 절을 짓기 시작했다. 이차돈이 지으려 했던 바로 그 절이었다. 이번에도 앞에 나서서 반대하는 귀족은 아무도 없었다. 이렇게 귀족들이 몸을 사리자 법흥왕은 더욱 거세게 귀족의 힘을 빼는 데 매달렸다. 법흥왕은 백발 귀족을 불러 상대등에 임명했다.
　"상대등은 어떤 직책이옵니까?"
　"대신들 가운데 가장 높은 직책이오. 앞으로는 상대등이 육부 회의를 맡아 주시오."

"그럼 왕께서는……."
"나는 이제부터 육부 회의에 참석하지 않겠소. 상대등이 회의 결과를 나에게 보고하고 내 승인을 받으시오."
백발 귀족은 끄응 하고 신음소리를 냈다. 그것은 왕이 모든 귀족의 머리 위에 군림하겠다는 뜻이었다.
"왜 대답이 없소? 하기 싫다는 거요?"
법흥왕이 백발 귀족을 무섭게 쏘아보았다.
"아니 그게 아니오라……."
안절부절못하던 백발 귀족은 하는 수없이 머리를 조아렸다.
"성은이 망극하옵니다."
마침내 법흥왕은 귀족들을 누르고 차츰차츰 왕의 힘을 다져 나갔다. 그러는 사이, 천경림에 짓고 있던 절도 조금씩 모습을 갖춰 갔다. 절 이름은 흥륜사였다. 휘영청 밝은 보름달이 떠오른 어느 날 밤, 법흥왕은 흥륜사에 갔다. 그곳에서 비구니 한 사람이 법흥왕을 맞아 주었다.
"당신은 아리수가 아닌가?"
"그러하옵니다. 폐하."

아리수는 이차돈을 못 잊어 머리를 깎고 비구니가 되었던 것이다. 아리수를 보자 법흥왕은 이차돈이 더욱 그리워졌다.

"대릉원에서 이차돈이 묘책을 알려 주었던 그날 밤도 오늘처럼 보름달이 떴었지."

법흥왕과 아리수는 휘영청 밝은 둥근 보름달을 올려다보았다. 마치 이차돈이 보름달이 되어 두 사람을 지켜보는 것 같았다.

"어? 꽃잎이 떨어집니다."

아리수가 신기해서 소리쳤다. 천경림엔 꽃나무가 없었다. 그렇다면 이 꽃잎은 어디서 날아든 걸까? 법흥왕은 하늘에서 내리는 꽃잎이 이차돈이 보낸 선물이라 여겼다. 솜사탕처럼 예쁜 꽃비가 내리는 밤하늘엔 보름달이 흐드러지게 웃고 있었다.

역사스페셜박물관

성법흥대왕

경북 영덕군 영덕읍엔 신라 사람들의 유원지로 이름난 곳이 있습니다. 앞쪽에 냇물이 흐른다고 해서 천전리라고도 하는 곳인데요, 이곳에 세로 2미터, 가로 8미터 크기의 암벽이 서 있습니다. 535년 누군가 이 암벽에 이런 글귀를 새겨 놓았습니다. "聖法興大王(성법흥대왕)". 모즉지 매금왕이라는 이름으로 육부 대표와 똑같이 취급당했던 법흥왕이 이 시기엔 성법흥대왕이라는 이름처럼 법흥왕의 지위가 높아진 것입니다.(시몽포토)

복천동 고분

이차돈이 순교한 뒤로 신라가 어떻게 달라졌는지를 말해 주는 유물 가운데 하나가 가야의 복천동 고분입니다. 왜 하필 가야의 유물이냐고요? 금관가야 지배층의 무덤인 이 복천동 고분에는 뚜껑이 없는 신라의 토기들이 나왔어요. 신라가 왕의 힘을 다지면서 점점 커지자 금관가야에까지 힘이 미친 것이죠. 끝내 금관가야는 531년 신라에 투항합니다.(시몽포토)

안녕, 내 사랑!

법흥왕의 무덤

경주시 효현동에 있는 법흥왕의 무덤입니다. 왕릉이라고 하기엔 참 소박한 무덤이죠. 이차돈의 순교 뒤 신라에 불교가 뿌리내리면서 화려한 무덤 대신 이렇게 소박한 무덤을 지었다고 합니다. 성법흥대왕은 539년에 세상을 떠났는데, 이미 힘이 세질 대로 세진 그로서는 굳이 화려한 무덤을 지을 까닭이 없었겠지요. 사적 제176호.(시몽포토)

우린 할 수 있어!

댕댕!

어디선가 종 치는 소리가 들려왔다. 대웅전 처마에 매달린 풍경이 바람에 흔들리는 소리였다. 정신을 차린 윤호와 병수는 동시에 비석을 보았다. 비석은 먼지가 시꺼멓게 덮인 원래 그대로였다. 꽃잎도 안 움직였다. 그때 운동장 쪽에서 체육 선생님 목소리가 울려 퍼졌다.

"다음은 2인 삼각 경기를 하겠습니다. 각반 대표들은 출발선 앞으로 모여 주세요."

윤호는 병수의 눈치를 살폈다. 지금 안 가면 경기는 끝나고 말 것이다. 윤호는 초조해서 애가 타는데 병수는 여전히 꿈쩍도 안 했다.

'병수는 경기에 나갈 맘이 없는 거야.'

윤호는 실망했다. 그때였다.

"가자."

병수가 말했다.

"정말?"

윤호가 놀라서 물었다.

"응."

병수는 자신 있게 고개를 끄덕였다.

"애들이 곰처럼 뒤뚱거린다고 놀리면?"
"애들이 뭐라든 무슨 상관이야?"
"너 때문에 졌다고 욕해도?"
"안 해 보고 미리 걱정부터 하는 건 비겁한 거야."

윤호는 신이 나서 병수를 껴안고 펄쩍펄쩍 뛰었다. 두 사람은 있는 힘을 다해 운동장으로 달려갔다. 윤호와 병수가 나타나자 반 아이들이 응원의 함성을 질렀다.

"와아! 이윤호, 정병수 파이팅!"

뚱뚱하다고 놀리기만 하던 아이들이 응원을 해 주자 병수는 울컥 눈물이 쏟아질 것만 같았다. 윤호는 마음이 약한 병수가 무척 귀여웠다.

"너 여기서 울면 아이들이 울보라고 놀릴걸."
"누가 운다고 그래? 눈에 뭐가 들어갔을 뿐이야."

병수는 씩씩하게 대답했다. 윤호는 씨익 웃으며 병수의 어깨를 감쌌다.

"우리 둘이 힘을 모으면 반드시 이길 거야."

병수도 윤호의 어깨를 감싸며 고개를 끄덕였다.

"준비. 땅!"

출발을 알리는 총소리와 함께 윤호와 병수는 힘차게 첫발을 내디뎠다.

이차돈 순교가 신라 사회에 끼친 영향

이차돈은 신라 사람들의 가슴속에 오랫동안 영웅으로 남습니다. 이차돈이 이렇듯 신라 사람들에게 추앙받는 까닭은 무엇일까요? 그럼 지금부터 신라 사회에 엄청난 변화를 가져온 이차돈 순교 사건이 끼친 영향을 살펴보기로 해요.

《삼국유사》라는 역사책이 있다. 고려 시대의 스님인 일연이 쓴 책으로 《삼국사기》와 함께 우리나라 삼국 시대의 역사를 밝히는 데 아주 소중한 기록으로 평가받고 있다. 이 《삼국유사》에는 신라 시대를 상고기, 중고기, 통일신라기로 나누어 놓았다.

상고기는 박혁거세 때부터 지증왕 때까지로 나라를 열고 기틀을 다지던 때다. 중고기는 신라가 삼국 통일의 기틀을 쌓던 때인데, 법흥왕 때부터가 이 시기라고 할 수 있다. 이는 삼국 통일의 기틀을 처음으로 마련한 왕이 바로 법흥왕이라는 뜻이다. 법흥왕은 즉위 초부터 왕의 힘을 다지려고 애를 썼다. 하지만 그때마다 귀족들이 반대하는 바람에 물거품이 되곤 했다. 법흥왕이 비로소 귀족을 누르고 왕의 힘을 키울 수 있었던 것은 뭐니 뭐니 해도 '이차돈 순교' 사건 덕분이었다.

이차돈 순교가 신라 사회에 가져온 첫 번째 변화는 불교 공인이다. 귀족들이 반대해 백 년 넘게 뿌리를 못 내리던 불교가 나라의 공인을 받으면서 신라는 불교라는 하나의 종교 아래 온 백성이 마음을 모을 수 있었다. 그때부터 신라 사회는 불교 문화를 찬란하게 꽃피웠고, 나라에 어려움이 닥칠 때마다 불교의 힘으로 헤쳐 나갔다.

이차돈의 순교가 신라 사회에 가져온 두 번째 변화는 왕권 강화다. 6부 연맹체

인 신라는 왕의 나라가 아니라 귀족의 나라였다. 따라서 법흥왕은 귀족들의 허락 없이는 절 하나도 마음대로 지을 수가 없었다. 그러다가 이차돈이 순교한 뒤로 법흥왕은 마침내 귀족들을 누르고 왕으로서 제대로 된 힘을 펼친다. 그 본보기가 바로 상대등 설치다. 왕은 상대등을 만들고부터는 귀족 회의에 나서지 않았다. 상대등은 요즘으로 말하면 국무총리쯤 되는데, 국무총리가 대통령에게 국무회의 결과를 보고하듯 상대등은 귀족 회의 결과를 왕에게 보고하고 승인을 받아야 했다. 이렇게 해서 신라는 비로소 왕의 나라가 된 것이다.

그렇다면 신라는 왜 그토록 중앙 집권제를 꿈꾸었을까? 고대 국가는 힘이 센 나라가 힘이 약한 나라를 거둬들이는 전쟁의 시대나 다름없었다. 고구려, 백제, 신라는 땅을 넓히려고 끊임없이 이웃 나라와 전쟁을 벌였다. 이런 상황에서 국내 사정까지 복잡해 왕이 소신껏 나라를 못 다스리고 귀족의 눈치를 봐야 한다면, 나라가 제대로 돌아가기 힘든 것은 불을 보듯 뻔한 일이다. 하지만 왕의 힘이 세지면 왕의 명령이 곧 하늘의 명이기에 귀족 눈치 안 보고 나라를 다스릴 수 있다.

이차돈을 알 수 있는 기록은 많지 않다. 하지만 그가 스스로 죽음을 선택했고, 그 죽음이 신라를 왕의 나라로, 또 불교 나라로 만든 것만은 틀림없는 사실이다. 그것이 바로 오늘날까지도 이차돈을 영웅으로 받드는 중요한 까닭이다.

역사 스페셜 작가들이 쓴 이야기 한국사 15
왕의 힘을 굳게 다진 이차돈과 법흥왕

글 권기경 | 그림 서선미

초판 1쇄 펴낸날 2007년 8월 10일 | **초판 12쇄 펴낸날** 2020년 12월 7일
펴낸이 조은희 | **편집장** 한해숙 | **기획·편집** 네사람
디자인책임 하늘·민 | **디자인** 최성수, 이이환 | **사진진행** 시몽포토에이전시
마케팅 박영준, 한지훈 | **온라인 마케팅** 정보영 | **경영지원** 김효순 | **제작** 정영조, 강명주
펴낸곳 ㈜한솔수북 | **출판 등록** 제 2013-000276호 | **주소** 03996 서울시 마포구 월드컵로 96 영훈빌딩 5층
전화 02-2001-5823(편집), 02-2001-5828(영업) | **전송** 02-2060-0108 | **전자우편** isoobook@eduhansol.co.kr
블로그 blog.naver.com/hsoobook | **인스타그램** soobook2 | **페이스북** soobook2
ISBN 979-11-7028-477-2 73910 | **ISBN** 979-11-7028-461-1(세트)

어린이제품안전특별법에 의한 제품 표시
품명 아동 도서 | **사용연령** 만 8세 이상 어린이 제품 | **제조국** 대한민국 | **제조자명** ㈜한솔수북 | **제조년월** 2020년 12월

ⓒ 2007 권기경·네사람·㈜한솔수북
※ 저작권법으로 보호받는 저작물이므로 저작권자의 서명 동의 없이 다른 곳에 옮겨 싣거나 베껴 쓸 수 없으며 전산장치에 저장할 수 없습니다.
※ 값은 뒤표지에 있습니다.

 한솔수북의 모든 책은 아이의 눈, 엄마의 마음으로 만듭니다.